U0061494

澳門功德林

Templo de Kung Dak Lam de Macau.

澳門知識叢書

澳門功德林

楊開荊

三聯書店（香港）有限公司
澳門基金會

責任編輯　李　斌
裝幀設計　鍾文君　吳丹娜

叢　書　名	澳門知識叢書
書　　　名	澳門功德林
作　　　者	楊開荊
聯合出版	三聯書店（香港）有限公司 香港北角英皇道 499 號北角工業大廈 20 樓 澳門基金會 澳門新馬路 61-75 號永光廣場 7-9 樓
香港發行	香港聯合書刊物流有限公司 香港新界大埔汀麗路 36 號 3 字樓
印　　　刷	正光印刷（香港）有限公司 香港九龍新蒲崗彩虹道 56 號麗景樓 9F-56
版　　　次	2017 年 6 月香港第一版第一次印刷
規　　　格	特 32 開（120 mm × 203 mm）112 面
國際書號	ISBN 978-962-04-4162-2

© 2017 Joint Publishing (Hong Kong) Co., Ltd.

Published in Hong Kong

總序

　　對許多遊客來說，澳門很小，大半天時間可以走遍方圓不到三十平方公里的土地；對本地居民而言，澳門很大，住了幾十年也未能充分了解城市的歷史文化。其實，無論是匆匆而來、匆匆而去的旅客，還是"只緣身在此山中"的居民，要真正體會一個城市的風情、領略一個城市的神韻、捉摸一個城市的靈魂，都不是一件容易的事情。

　　澳門更是一個難以讀懂讀透的城市。彈丸之地，在相當長的時期裡是西學東傳、東學西漸的重要橋樑；方寸之土，從明朝中葉起吸引了無數飽學之士從中原和歐美遠道而來，流連忘返，甚至終老；蕞爾之地，一度是遠東最重要的貿易港口，"廣州諸舶口，最是澳門雄"，"十字門中擁異貨，蓮花座裡堆奇珍"；偏遠小城，也一直敞開胸懷，接納了來自天南海北的眾多移民，"華洋雜處無貴賤，有財無德亦敬恭"。鴉片戰爭後，歸於沉寂，成為世外桃源，默默無聞；近年來，由於快速的發展，"沒有甚麼大不了的事"的澳門又再度引起世人的關注。

這樣一個城市，中西並存，繁雜多樣，歷史悠久，積澱深厚，本來就不容易閱讀和理解。更令人沮喪的是，眾多檔案文獻中，偏偏缺乏通俗易懂的讀本。近十多年雖有不少優秀論文專著面世，但多為學術性研究，而且相當部分亦非澳門本地作者所撰，一般讀者難以親近。

有感於此，澳門基金會在 2003 年 "非典" 時期動員組織澳門居民 "半天遊"（覽名勝古蹟）之際，便有組織編寫一套本土歷史文化叢書之構思；2004 年特區政府成立五周年慶祝活動中，又舊事重提，惜皆未能成事。兩年前，在一批有志於推動鄉土歷史文化教育工作者的大力協助下，"澳門知識叢書" 終於初定框架大綱並公開徵稿，得到眾多本土作者之熱烈響應，踴躍投稿，令人鼓舞。

出版之際，我們衷心感謝澳門歷史教育學會林發欽會長之辛勞，感謝各位作者的努力，感謝徵稿評委澳門中華教育會副會長劉羨冰女士、澳門大學教育學院單文經院長、澳門筆會副理事長湯梅笑女士、澳門歷史學會理事長陳樹榮先生和澳門理工學院公共行政高等學校婁勝華副教授以及特邀編輯劉森先生所付出的心血和寶貴時間。在組稿過程中，適逢香港聯合出版集團趙斌董事長訪澳，知悉他希望尋找澳門題材出版，乃一拍即合，成此聯合出版之舉。

澳門，猶如一艘在歷史長河中飄浮搖擺的小船，今天終於行駛至一個安全的港灣，"明珠海上傳星氣，白玉河邊看月光"；我們也有幸生活在"月出濠開鏡，清光一海天"的盛世，有機會去梳理這艘小船走過的航道和留下的足跡。更令人欣慰的是，"叢書"的各位作者以滿腔的熱情、滿懷的愛心去描寫自己家園的一草一木、一磚一瓦，使得吾土吾鄉更具歷史文化之厚重，使得城市文脈更加有血有肉，使得風物人情更加可親可敬，使得樸實無華的澳門更加動感美麗。他們以實際行動告訴世人，"不同而和、和而不同"的澳門無愧於世界文化遺產之美譽。有這麼一批熱愛家園、熱愛文化之士的默默耕耘，我們也可以自豪地宣示，澳門文化將薪火相傳，生生不息；歷史名城會永葆青春，充滿活力。

吳志良

二○○九年三月七日

目錄

導言 / 6

港澳首家女眾佛學院 / 8

創設的關鍵人物 —— 觀本法師 / 26

高僧與名流 / 36

人間佛教 / 54

藏經閣的瑰寶 / 78

結語 / 98

附錄：功德林大事記 / 100

主要參考書目 / 105

圖片出處 / 107

導言

　　澳門海洋文化的包容性可見於多元共存的宗教文化，這座小城擁有廟宇四十多處，佛、道、民間俗神各式俱備。澳門無量壽功德林，不少居民都對其感到神秘。事實上，佛教文化在澳門影響深遠，功德林也有着無可比擬的歷史。2016 年 5 月澳門功德林寺院藏經閣中的文獻遺產被列入聯合國教科文組織（United Nations Educational, Scientific and Cultural Organization，簡稱 UNESCO）亞太區《世界記憶名錄》。珍貴的文獻史料及其背後的歷史，以及它的社會意義已得到國際社會的認同和關注。

　　走在三巴仔街寧靜的街上，經過宏偉壯觀的聖若瑟聖堂大門，與其相對的是一片黃色泥牆的古樸建築，即素來低調的佛教寺院 —— 無量壽功德林。推開帶點神秘的寺門，院內清幽寧靜、梵音縈迴，教人神往。寺內深遠廣闊，樹蔭下的香爐香煙裊裊；藏經閣裡，佛教經典、哲學古籍、大德名流親筆信函，及珍貴的貝葉經赫然在藏；殿中，身穿淺灰色長袍的女尼，素淡樸實，虔誠專注……

　　功德林的外表並不張揚，匆匆而過的行人與其往往只是擦肩而過。然而重尋往事可知，這座寺院有着深厚的底蘊。功德林始建於民國初年，敬奉淨土宗，也修禪宗，是澳門少有的正信佛教寺院。雖然建寺不足百年，但功德林亦有着特殊的歷史意義。當年仍是男尊女卑的社會，在澳門這塊狹小的土地上，寺院得到社會賢達、佛學大師的熱心捐獻及參與籌建，創設之目的就是為女信眾提供佛教修道之場地。因而，本寺成為港澳地區首家女子佛教學院，也是中國近現代推動女眾佛學教育的園地，在提升女性的社會地位的歷史進程具中有深遠影響。由於辦學，寺中藏經閣擁有豐富的文獻史料，正好反映了澳門在民國初年到二戰期間所擔當的社會角色，充分體現了澳門的進步、開放及包容。

除此之外，這座小小的寺院，亦曾是有識之士活動的平台，留下過許多佛學大師、文化名人、社會賢達的足跡。如功德林創設的關鍵人物 —— 與梁啟超一道 "公車上書"，自身亦有着極不平凡經歷的張壽波（觀本法師），如著名的竺摩大師、冶開和尚、朝林大師、虛雲老和尚，再如何東夫人張蓮覺居士、南洋兄弟煙草公司創辦人簡照南及其家族……他們都是對澳門，乃至對推動社會進步、文化教育發展等方面做出貢獻的重要人物。

可以說，功德林這座深藏於百姓家且在外觀上不起眼的寺院，烙下了澳門一個時代的印記，此中往事足以令人久久回味。

港澳首家女眾佛學院

距離我們不太遙遠的一百多年前，正值中國數千年帝制被推翻，社會發生劇烈變化，西方列強東來帶來的衝擊影響着人們的思想。進入民國，客觀上成為中國近代進步的變革時代。這個時代，女性的地位受到有識之士的關注。誠然，由於女性在創造財富和受教育方面的機會一直得不到與男性均等的待遇，實際地位很難提升，但至清末時摧殘女性的纏足現象已漸漸被廢止，"女子無才便是德"的傳統觀念也漸漸被社會質疑。民國初年，還一度興起了女權運動。

正是這個時代背景，造就了澳門功德林這樣一家港澳地區首家女子佛教學院的誕生。學院成立後，也為一批有識之士、社會賢達開拓了一個施展理念的平台，成為一個時代的寫照。關於功德林的歷史，我們或需先從其前身 —— 張家的念佛道場講起。

張氏家族念佛道場

二十世紀之初，在澳門三層樓上街和三巴仔街交界處的一座樓房內，窗戶不時傳出陣陣的念佛聲：南無⋯⋯南無阿彌陀佛！色即是空，空即是色⋯⋯梵音增添了祥和氣

澳門功德林正門

功德林位於兩街交界處

息，給紛亂的世局注入一股清流。這處，便是張家的念佛道場。張家，說的是張壽波，也就是著名的觀本法師家。觀本法師（1868–1946）俗姓張，名壽波，號玉濤，香山縣南屏鄉人，1894 年踏足澳門。他是近代禪宗泰斗虛雲老和尚的十大弟子之一，也是與梁啟超志同道合的朋友。有關他的曲折人生歷程，我們稍後再詳談。

　　回到一百多年前的 1914 年，張壽波在上海玉佛寺遇到了常州天甯寺的冶開和尚。這個偶然，改變了張壽波的人生。他們一見如故、秉燭夜話，談人生、論世道。張壽波豁然開悟，看透人生，遂追隨冶開門下，修淨土法門，法名觀本。觀本自皈依之後，便一心開展弘法之路並思量如何打開傳授佛法的門。正當躊躇之時，觀本想到了張家的遠祖張掄。張掄曾經以其家居 —— 藍田山莊作為蓮社，結社念佛，倡修淨土宗。

　　張壽波深受啟發，相信要普度眾生、感染世人，需先從家庭開始。而他此時的家，就是澳門。於是張壽波致力於在澳門弘揚佛法，並輾轉於香山、上海進行籌備工作。1915 年，張壽波安頓好後，便回南屏帶家人一同到澳門生活。他先在家中設立念佛經行次處，讓母親在家中拜佛念經。張母身心豁然，成為虔誠的佛教徒，更吩咐兒子，要將家族念佛場擴大，且希望能帶動家中各人參與。很快，張壽波的妻兒弟妹同受他的影響，一起加入念佛行列。或許是在那個動盪不安的時局，信仰特別能使人心靈平靜，令思想得到寄託和安慰。因此，張家的念佛場吸引了不少附近的民眾，而且漸漸增多。由於隨喜者甚眾，觀本便在家中創辦了較具規模的念佛道場。雖然是家庭式，念佛道場也建置了甚為莊嚴的佛殿。於是，"觀自在菩薩，行深般若波羅蜜多時，照見五蘊皆空，度一切苦厄……" 傳遍了整個街區，附近的不少居民聞梵音後齊至，眾聲念佛。

隨着家族念佛道場的聲名和影響的不斷擴大，到民國戊午年（1918 年），觀本與友人在澳門創設佛聲社，招集同志，積極開展講學活動，同時提倡素食，使澳門念佛法事影響力逐漸擴大。這為後來的佛學院創設奠定了基礎。那時，觀本所想的，仍然是社會的問題。他希望將念佛道場的大屋改建為一座專為女信眾提供佛教修道之場地，以此擺脫愚昧，啟蒙智慧，提升女子的社會地位。幸運的是他這一想法，得到了一眾志同道合的朋友，以及社會賢達、佛教界的支持，並共同參與籌備的工作。當中主要得到他的姻親簡照南家族的幫助（簡照南的第三子娶觀本法師的第四女為妻）。這一供女信眾的念佛修道之地，成為港

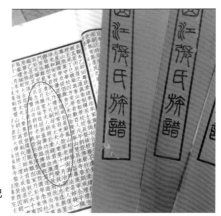

記錄功德林創建情況
的《曲江張氏族譜》

功德林內景

澳地區首家女眾佛教學院，在澳門宗教史上具有特殊而重要的地位。

南洋兄弟煙草公司家族支持

提到觀本的姻親簡照南，大家可能會憶起著名的南洋兄弟煙草公司，以及"紅雙喜"香煙的生產商。當時來說，簡家可謂財力雄厚，對觀本給予大力支持，是功德林創設的大功德主。簡照南（1870–1923），名耀登，字肇章，號照南，是佛山著名的實業家和愛國華僑，也是佛教信徒。他與其弟簡玉階創辦的南洋兄弟煙草公司，當時被稱為民族香煙，是中國最大的煙草商。簡照南一生熱心公益、慈善和教育事業。

關於簡氏家族與這座寺院的淵源，或許可以從功德林創建的木碑紀事以及《曲江張氏族譜》等相關史料中看出端倪。

功德林創建紀事木碑（1926 年）

木碑記載：

本林原香山居士觀本弟昆，仿古人藍田山莊，為奉母念佛經行次刻，繼以機緣漸熟，隨喜者眾，乃擴拓道場，莊嚴佛殿，遂成今日規模，其址在澳門三巴仔街門牌十三號及三層樓上街門牌十四號。自民國十二年（1923年），南海簡濟善堂弟昆，出而為功德主，佈金買地，向葡國官廳立案，永為女眾清修之所，定名曰無量壽功德林。其地基房舍，計面積約一萬英尺有奇……

可知，簡家是功德林創建的主要出資者。如上所述，簡照南本人也信奉佛教，曾經禮請杭州常寂光寺住持微軍大師到港澳倡佛，其後更影響了觀本法師的兒子張樹澎。張樹澎與微軍大師交流佛法後，豁然頓悟，跪請出家，被賜法名妙持，時年僅 22 歲。作為著名商人的簡家與姻親觀本法師的關係非常友好。其中簡照南的四太太後來亦出家，法名果圓上人，同在功德林修佛。由此可見，觀本法師的姻親簡家同樣為功德林的興辦做出了重要貢獻。

輕拂塵埃，我們在觀本法師的遺物中，發現當中的一份檔案就有功德林物業的租賃信息。這是三巴仔街 13 號的政府租賃文件，在“業主或其代理人”一欄中，寫的是“業

南洋兄弟煙草公司信箋

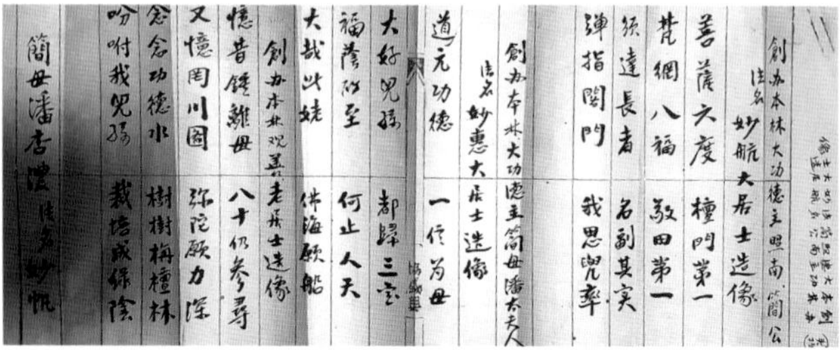

簡照南及其家族對功德林捐助大功德主造像記錄

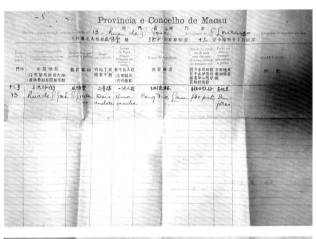

Provincia e Concelho de Macau

澳門市街

下列簽名人樓租風順雲場

Declara o abaixo assinado, morador do predio nº 13 da rua de S. José da freguezia de S. Lourenço, que possue os seguintes predios:

Numero da policia 門牌	Situação dos predios 全屋地點 (注明某馬路或大地) (或備要街巷園園等類)	Provincia a que pertence o predio 關於菜坊	Logar em andares 有地下或樓若干期	Letras de focos (Numero de familias que habitam o predio) 若干伙人住 (注明開房) (共有幾間)	Nomes dos inquilinos 租客姓名	Renda do predio em de cada uma das suas divisões, referida no presente mez 現日全屋每日若干若干分若干租 現每租目收	Fotos ou outros recargos que concerne o predio 有無地業或須賠貨租	OBSERVAÇÕES 附記
十三號 13	三巴仔街 Rua de S. José	順雲場 Providencia	二層樓 Dois andares	一伙人住 Uma familia	功德林 Cong Nic Lam	租銀四拾員 $40 prats.	業地未 Sem foros	

澳門一九二五年正月二十五日
Macau, em 25 de Janl de 192 5

業主或其代理人簽名張壽波
Assinatura do proprietario ou procurador
(a) Cheung Sao Po, proprietario

完美與府業之表無訛
Conforme com a que fica em meu poder.
Del de Secretaria de Fazenda 財務局簽名
Arthur Macias

PENALIDADES.

(Art. 205.º do Regulamento para o lançamento e cobrança da contribuição predial em Macau, aprovado por decreto de 9 de Maio de 1899.)

Os proprietarios por qualquer titulo de predios rusticos ou urbanos, ou suas administradores, a sua falta ou ausencia distes ou inquilinos, que não prestarem as declarações a que são obrigados nos termos do art.º 5.º, ou que as fizerem incompletamente incorrectas ou falsas; por cada falta que praticarem, e conforme a gravidade dela, incorrerão na multa de Escudos 25·00 a Escudos 200·00.

例例 一九二年三月先引領之業主除首或領之屬門徵收業參預租員之等五款之文分左
如有市內右外之房屋業主或管理人不住本居或違近領定延領等領報者或領不實或須領延時領等填請讀讀請選分測出二千厘土以上二萬土以下之款金其無人管理之或業主輕人延速由住客補管者加減或此此保亦須領圍。

功德林租賃文件

主張壽波"，而"租客姓名"一欄為"功德林"，租金為澳
門幣四十元。文件的日期是 1925 年。據功德林創設的紀事
木碑中所載，該樓房由簡家所贈，而這份文件上的業主或
業主代理人則為觀本（張壽波）。當時觀本是功德林的副主
席，負責統籌所有捐款的收集，以及處理銀行等事務。這
亦說明了觀本與功德林的關係非常密切。

港澳地區首家女眾佛學院

對於這座佛學院的創建，當時可謂眾志成城，得到了
一眾法師參與，如觀健法師，還有何東夫人張蓮覺居士等
各方人士的捐資支持。在功德林創辦的木碑中已明確了對
女眾的重視："本林自民國十三年（1924 年）懸掛鐘板，
接待十方來眾，凡在家出家清修女眾到院討單參學皆得接
待，惟出家尼眾米糧歸常任供給，未出家之女眾每月須酌
貼飯食之費……本林十數年來，苦心經營，陸續設備不
少……"可見，在 1924 年以前，這裡已經一直在運作，作
為正式女子佛教學院及功德林的前身。我們再看看木碑中
這樣記錄："……提倡經教律儀、弘佛法以肅尼行、冀開吾
粵就地參學之門、養成佛門規範之種子……為女修士設講

學會、為貧家子弟設女義學……"

　　經過各方推動和參與籌建，觀本禮請上海靈山寺朝林大師掛臨濟鐘板。而當時佛學院的院長為觀健法師，且其後有不少著名的佛學大師參與授課。在觀本及功德林善信的支持和幫助下，港澳地區第一所女子佛教機構 —— 女子佛學院建成。當時有數十名港澳地區女子在學院研習佛教文化，由觀本親自教授佛學，從而開啟了嶺南佛教女眾教育之先河。每名入院學習女子，每月還可獲 100 元生活津貼，以便使她們能安心學佛和修道。

　　1926 年 1 月 1 日（農曆一九二五年十一月十七日），功德林設水陸道場，標誌着功德林的正式成立。

　　我們在此有必要一提的是，被視為中國近代第一所佛教女眾教育機構的武昌佛學院，始建於 1924 年，創辦人是祇洹精舍學生釋太虛，以及武漢地區大護法李開侁、王森甫等。武昌佛學院的辦學方式是招收出家和在家女子信徒，實行解行相應。該所女子佛學機構的成立，被社會及學界視為女子佛教信眾真正開始走上了平等接受佛學教育的標誌，具有重要的歷史意義。其後因為種種原因，該機構多次停辦。

功德林成立之照片（攝於民國乙丑年，農曆一九二五年十一月十七日），二排右二為觀本法師

朝林老和尚創辦功德林佛學院開學留影

　　事實上，與武昌佛學院設立的同一時期，澳門功德林寺院在 1924 年之前已經籌辦女眾佛學院，而且已甚具規模。功德林正式創設之時，有五十多人常住於此。作為一座慈善的學府，主要經費來源是由簡濟善堂每月資助的毫銀 100 元，還有經懺捐施，以及善信的燈油錢等。雖然此為女眾佛教學院，但並非尼姑庵，寺院允許男眾之資助，同時通過公決，可以禮請大德法師開設講筵，以資教化。而他們的居所則與女眾分開，設在三層樓上街十二號。該棟樓房專供男眾及法師聚集交流，後發展成為著名的佛學組織佛聲社。該社每星期聚集一次，討論佛法，以及導引正宗的念佛方式。

　　由此可見，在時局不安之際，澳門是進步思想的搖籃，在港澳地區成立了首家女眾佛教學院。其後何東夫人張蓮覺居士亦於民國十九年（1930 年）在香港波斯富街設立香港第一所佛教學校寶覺女子義學。在抗戰時期，不少佛學大師及文化名人因逃避戰亂而聚居功德林，佛學傳播活動更為活躍，此地成為文化交流的平台，也進一步推動了女眾佛學教育。

功德林小院舊貌

創設的關鍵人物——觀本法師

揭開歷史的面紗，我們可以肯定，澳門功德林的創設與觀本法師的籌劃密不可分，甚至可以說，他是至為關鍵之人。而欲了解功德林的歷史，則不得不首先知曉其創設的關鍵人物觀本的歷史。

　　無論是創建紀事木碑錄文中的相關記錄，還是功德林保存的法師遺物中不斷挖掘出的珍貴史料，均說明觀本法師從創設家族念佛道場，到推動女眾佛教學院的成立都擔當着重要的角色。一直以來，憂國憂民的觀本法師的生平都為學者所關注。除鄭子健在《觀本法師事略》載《圓音月刊》第 5、6 期（1947 年）等文章中對觀本法師生平作出

觀本法師像

評述外，還有徐金龍的《在澳弘法的粵籍高僧觀本法師》、華方田的《澳門佛教組織》等文章對其進行研究。可見觀本法師在佛教領域，乃至社會文化活動方面皆是具有一定影響力且備受關注的人物。

同治七年戊辰（1868 年）閏四月初三日，正值動盪不安的晚清，張壽波生於香山縣南屏鄉，為家中之長子，其父名為張性田。據《曲江張氏族譜》所載，張家祖籍為韶關，與唐代唯一的嶺南書生宰相張九齡屬同宗，後家族遷珠海。張壽波 3 歲時隨着祖母到了福州，7 歲在福州啟蒙受學，禮番禺名儒胡箕疇為師，攻讀經史。其後因祖父生病，他回鄉後繼續攻讀，19 歲時補縣學生員，中了秀才。張壽波天性聰穎、舉動若成人、過目能誦，在鄉里有神童之譽。這經歷，似乎預示着他與眾不同的人生。

推動進步運動

光緒二十年（1894 年），時局變幻，中日甲午之戰爆發。中國海軍敗北後，清廷被迫簽訂喪權辱國的《馬關條約》，割地賠款。時年 26 歲的張壽波，為一熱血青年，心繫國家和民族的前途，目睹國勢如此，義憤填膺，愛國熱情溢於言表。他的家鄉珠海南屏距澳門咫尺之遙，張壽波時常站在村中的小山崗上，迎風遙望對面的澳門。他想，澳門是個近內地、通海外，中西文化共存的小城，相信在那裡可以施展抱負，推動進步運動。於是，張壽波收拾細軟，帶着理想，告別家人，與叔父張仲球、同鄉好友陳蔚秋、陳筱江一行四人來到澳門。

澳門，因其特殊的地理及政治環境，相對開放，為有識之士追求理想提供了空間。與鄭觀應、康有為、梁啟超、孫中山等一樣，張壽波亦在澳門烙下了深深的足跡，有過光輝的歲月。年輕的張壽波踏入蓮花徑來到這個寧靜的小城後，立心開展文明進步的運動。首先，他與同道中人在澳門荷蘭園 13 號創設了原生學舍，利用澳門作為平台，研習中西文字，成立戒煙會、戒婦女纏足會；更同時組織演講團、閱書報社等進步組織，積極展開各種救國救民的活動。很快，他視澳門為一個穩定和可以久居之地，經一番安頓，便接家人到澳門居住。1895 年，他又與友人創辦了原生學堂及原生書藏等組織，認真進行教學，並且創設圖書館，大量蒐集書籍，推動閱讀，提升社會文化素質。這一系列志在推動文明的活動，受到社會的廣泛認同，參與者眾，服務事業得到很大發展。

　　光緒二十三年（1897 年），張壽波更是赴北京聯名參加震驚中外的"公車上書"，以及隨後的"百日維新"運動。其間，張壽波一直非常關心家鄉事務，並得到鄉親的擁戴。1917 年，他被推舉為香山恭都學校校長，上任後積極整頓校務，並改組學校為鳳山商業中學校。當時吸引四方前來的學者有數百人之多。在推動教育興國的事務方面，這位有識之士，可謂不遺餘力。

成佛之路

　　張壽波早年一心參與救國救民的進步運動，緣何又在後來踏入佛門、披上袈裟走上傳授佛法之路呢？或許世事總有因緣。

　　前文提及，他參與維新變法，失敗後，避禍日本，入橫濱大學商學院就讀。光緒二十七年（1901 年）學成回國，在武漢經商，繼續關心社會發展。光緒三十年（1904 年），日俄戰爭爆發，張壽波協助容翰屏等社會人士募集紅十字會捐款，並得政府獎章。次年，張壽波還鄉，與妻子再次東渡日本留學，其間先後生女樾群和樾姚。直到 1911 年張壽波自日本回國，在漢口商會任職。

張壽波非常孝順，不論對生母或嗣母都是如此。當時，嗣母吳太夫人反復告誡他，時事政局一代廢興，劫運難以預測，綱絕難舉，必須安分，遠離政事。孝順的張壽波謹遵嗣母的慈訓，加之對於政局已經開始心灰意冷，遂不再參與仕道，專心在商界發展。其時正值清末民初鼎革之時，社會提倡剪髮運動。他觀察商業形勢，估計很多老百姓一時不能接受劇變，需要戴帽作為過渡期，因此相信帽業定必大有市場。於是，1912 年他第三次赴日，專門進入大阪工廠研習化學工業及製帽方法。這次他迫不及待的回國，打算大展拳腳，並在上海開設草帽工廠。可惜因時局變亂，經營難善，很快工廠被毀，損失慘重。在仕途和營商的路上皆遇挫折，張壽波不僅在經濟上遭受巨大損失，在精神上也倍感痛苦，也覺世事無常，人生如幻，遂發心學佛。於是他慕明朝遺民之風，具禪隱之志，意欲皈依佛門，以解脫世俗無情的困擾和打擊。如前所述，民國三年（1914 年）適逢粵漢鐵路局委派他到上海辦事，因緣際會，張壽波與冶開和尚相遇，遂決定皈依其門下，專修淨土法門，法名觀本。1915 年，觀本回澳門成立家庭念佛道場，積極開展星期講學活動，並參與功德林之創設，佛學社之創辦等等，使澳門佛教逐漸擴大了影響力。

　　隨後，觀本還參學遊歷南洋群島，朝禮仰光大金塔半年。從南洋回國後，他在香港創設念佛社，與社友同修淨土法門，並兼任香港佛學院主講五會念佛教授，在澳門則於功德林內參與組織澳門佛學院。

　　與此同時，觀本不少家人相繼離世，更令他感到世緣已經可以完全擺脫。民國十年（1921 年），樾泖（法名妙持，觀本的兒子）跟隨的杭州常寂光寺的住持微軍上人圓寂，眾人擬請年輕的樾泖出任寺廟住持。不幸，當年八月樾泖從杭州回廣州的途中患上大病，延至九月，在清遠飛來寺圓寂。樾泖雖然年輕，但慧根深厚，受人尊敬。次年（1922 年）的七月，觀本的嗣母吳太夫人逝世；十一月，冶開和尚圓寂於天甯寺。民國十三年（1924 年）正月，觀本的繼室李夫人在澳門病逝。民國十九年庚午（1930 年）十一月，他的生母李太夫人離世。觀本迭遭變故，心志迄無罣礙，遂決心出家。

　　民國二十年（1931）四月初八佛誕日，觀本在常州天甯寺裡冶開和尚的遺像前剃度，正式出家為僧。

　　此後，觀本法師專心開展弘法之道，跟隨著名的南華禪寺虛雲老和尚學佛，並到處弘法授徒。佛教界對於觀本法師的正式出家，支持和祝賀者眾。今日的功德林中便保

覺心入觀　寶華臺　十智同真　養聖胎　欲透箇中真消息　飽參一葉一如來

民國十八年真春　觀本題八葉蓮　等觀想菴沙游　放匿并書

觀本法師題偈語（1929 年）

存了不少對聯，盡見大家對他的支持。

　　1932 年 8 月，觀本法師赴福州鼓山，在湧泉寺依虛雲老和尚受具足戒。虛雲老和尚素知觀本道業精進，圓戒後即派他為湧泉寺監院。次年癸酉（1933 年）二月，授三壇大戒，法名明一。當初與觀本一起到澳門的堂叔張仲球，便賦詩送行：火宅拋離拜湧泉，六旬受戒入僧年（觀本在湧泉寺受三壇大戒，時年 66 歲）。當時張仲球已為居士，亦皈依冶開大師，法名觀圓。虛雲老和尚道高德峻，海內宗仰，有關他與澳門的法緣，稍後再討論。

　　民國三十四年（1945 年），虛雲老和尚擬推舉觀本法師出任廣州六榕寺方丈。然而觀本化緣已滿，於是年臘月初七日，於廣州菩提精舍在僧尼居士圍繞念佛聲中示寂，世壽七十八，僧臘十六。荼毗時，骨灰中現舍利子無數。觀本法師一生受到佛教界的稱頌，是位道德高尚、學識廣博的法師。其行事以度人為宗旨，關心社會大眾，不計較個人的得失，只知佛法，而不知有利祿。觀本法師還著作等身，尤多弘法撰述，如《香光閣集》20 卷，被視為觀音菩薩示顯的大比丘，男女皈依者數萬人，其事跡受僧眾、信徒傳頌。

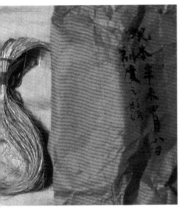

觀本法師剃度之頭髮（民國辛未年，一九三一年四月初八佛誕日。現保存於功德林）

觀本法師所用之法器與舍利子

觀本法師沉醉佛學，深刻地影響了家人。除了他兒子樾澎外，其家族中人大都皈依佛門，且法號多以"觀"字排。例如：觀本法師的姪女，樾澎的堂姊張樾姚出家後法名觀志（族譜記錄）；四女名張樾群，法名觀芳；五女名張樾瑤，法名觀秀，出家後多在功德林弘法。

高僧與名流

澳門佛教同人恭請虛雲老和尚說法紀念留影　民國卅六年春

竺摩大師

　　功德林這座小小的寺院，在許多澳門人眼中都甚為神秘，加上它有較長一段時間重門深鎖，更是少有人留意，但在其發展歷程上，卻留下過不少高僧大德與名流的足跡。這其中，竺摩大師就是不得不説的一位。

　　1931 年 4 月 3 日，在澳門功德林弘法的竺摩大師，應上海的芝峰法師和大醒法師之約，準備回浙江雁蕩山避亂和修養。臨行前，在澳門何斗燦醫生的聽松山館舉行留別畫展，高劍父為畫展撰序，避難來澳門後重新組織的清遊會及澳門雷社、潔社諸子均參與餞別，葉恭綽居士則致書推雅。曾與竺摩大師有過交往且在澳門關心中華佛教文化的海內外文化名流紛紛賦詩為竺摩餞行，計有：張谷雛、

昔日的功德林

竺摩大師像

張純初、張寂園、鄭哲園、李供林、梁彥明、王惺岸、梁毅三、周貫明、黎廷啟、何斗燦、賴振東、關公博、繆君侶、羅曉楓、馮桂秋、鄭春霆、張白英、羅季昭、黎兆錫、寒石、曹菊齋、楊慰農、張雲雷等等。竺摩大師非常感謝澳門清遊會、雷社和潔社友人的送行，亦賦詩二首以答謝諸友人的厚意，為澳門一時之文化盛事。可見竺摩與澳門各方建立了良好的關係。也許他當時也沒有想到，往後的一段時間，澳門功德林還是他居住的地方。

　　事實上不管是民國初期澳門相對開放的環境，還是抗戰時期因澳門未被戰火波及的相對平靜，都為佛教活動營造了空間。抗日戰爭時期，除了大批文人富商為避戰逃到澳門，當中亦有不少佛教人士，竺摩大師便是其中之一。1939 年，應香港東蓮覺苑林楞真苑長及主講靄亭法師之邀，竺摩大師來到澳門功德林辦佛學研究班，當時有學生釋照真、黃本真、釋性真、李朗真、釋覺原、釋了願等十餘人，皆是東蓮覺苑第一屆畢業生。靄亭法師因要退隱青山海雲蘭閣，囑竺摩大師再為他們研講唯識，講《解深密經》及《因明大疏》。除了講課，亦共同主編《覺音》雜誌等宣揚佛學的書刊。據竺摩大師的記述，他在此結識了港澳許多文化人，而在澳門功德林的日子是很有意義的。在自述中他這樣寫道：

一日，嶺南畫哲高劍父氏來隨喜聽講，見我書屏條，甚為欣賞，並謂：既已學書，何不學畫？學佛我可奉汝為師，學畫則汝師我才可能！次日復來，送我大草一聯，語為："莫問布無法，已空生滅心"，上款"竺摩私師博"，下款"建國三十一年試粥飯僧高劍父手製墨"。自此我遊於藝，渠耽於禪，遂成忘年之交，時劍老年逾六十，我年僅二十七。時五羊城淪陷，百粵文人，多避居澳岸，組清遊會，每源週日雅集，各出書畫詩詞觀摩，以文會友，我在講編之餘，亦被邀濫竽其間，逢場作戲，視為人生之一樂。

可以想像，當時澳門在相對自由與和平的環境下，功德林中賢士相會，不僅為學佛之場所，亦同是弘揚學術文化和交流之地。由於竺摩大師曾隨學於嶺南畫家高劍父，遂善繪事，亦擅長詩詞、散文，書法尤自成一格，其墨寶多為海內外各道場所珍藏。

1941年香港淪陷。1943年竺摩大師未能按計劃留港，便返回澳門，在功德林隱居潛修五年。1948年，尹法顯居士、潘靜聞居士、陳聖覺居士等借雲泉分社二樓為道場創辦"澳門佛學社"，聘請竺摩大師出任導師，駐社講經弘法。受到他講授《解深密經》的啟發，功德林"佛學研究班"學員江之萍等以經文中有"女性暗弱"等貶斥女性的言論為主題，掀起了一場如何看待大小乘經典中輕視女人問題的討論。當時，在竺摩大師的直接幫助下，這場討論還專門邀請了著名高僧弘一法師和太虛法師進行指導，成為近代中國關於佛教女性問題的一次重要事件，推動了中國近代佛教女性觀念的發展。這也說明，女子佛教文化教育在功德林得以振興。

1951 年，為擴大弘法範圍，竺摩創辦《無盡燈》雜誌，並出版多種講經著述，風行港澳及海外。1954 年始，竺摩大師先後赴尼泊爾、泰國、檳城、檀香山、馬來西亞、新加坡及其他東南亞國家，講經說法，在弘法的同時，亦展開了文化的交流活動。

虛雲老和尚

虛雲老和尚（1840?–1959）是湖南湘鄉人，俗姓蕭，名古岩，字德清，生於福建泉州，一生充滿傳奇，為近代"一身繫五宗法脈"（曹洞、臨濟、雲門、法眼、為仰）之禪宗大德，曾致力振興佛教、興建名刹、融合漢藏、領導

中國佛教協會的發展。澳門功德林的主要創辦人觀本法師是
虛雲老和尚的十大弟子之一，也就是臨濟宗第四十四世傳
人，曾經隨侍虛雲老和尚經由香港、廣州到了曹溪南華寺。

　　壬申年（1932 年）八月（有一說法是 1930 年），觀本
赴福州鼓山湧泉寺向虛雲老和尚禮佛。虛老對觀本寄予厚
望，經常與他談佛論道。有一天，觀本想不通為何師傅教
他不放下。於是他叩問道："弟子己事未明，不能放下，乞
開示。"虛雲氣定神閒，緩緩地回答："我平時教人放下，
但是教你不要放下，且要提起來⋯⋯你要挑起來，乃能擔
荷如來佛大事啊！"觀本感動涕泣，誠心受教，不負師傅之

虛雲老和尚自題像

者署為簽出請

居士於刊刻三版時更正之　云目暗耳聾不能細閱百病

日增待盡而已人生如夢一切皆幻空中飛鳥有何踪跡可

尋況學道人耶留此敷行又有何益　若　居士以為

佛法不離世法隨喜可爾此候

法樂

　　　　虛雲 [印]　丙申八月十二日

雲居茅蓬用箋

雲公像讚

促遍此老　天魔嚇倒

空中樓閣　沒頂頭腦

多子塔前　殺人如草

　　　　　弋領糞掃

法華會上　分座多寶

無相而相　菩薩善禱

先嗟痛棒　不動舌頭

再申褒抱　許汝道道

弟子明一觀本敬題 [印]

寬賢老居士慧鑒：年譜二冊今日始得寄目閱河等

病目不見耳不聞奄一息九死餘生　僵臥床褥弟子

阻感嘆奚如憶主辰歲春雲門事變時　雲重傷重

証圓等侍奉病榻風夜詢問予生平事蹟蓋恐

雲有意外及禍患之重　未也　神情不寧語音未澀

隨說隨錄不成片段予亦未曾遇目祇証圓等將稿寄

交居士考訂承港中善信遍愛遠尔印行且再版

吳時閱四年　雲始得見其中不無誤記之處今令侍

雲居茅蓬用箋

虛雲晚年對於弟子為其出版書稿的留言及觀本題詩（1956年）

託。虛老道高德峻，海內宗仰，觀本的道業也大有精進。民國二十一年（1932 年）11 至 12 月間，在功德林全體善信的極力要求下，觀本法師離開鼓山湧泉寺，回到無量壽功德林提持住眾。次年，鑒於當時廣大善信的佛教文化知識比較缺乏，觀本在功德林致力弘法，同時兼任香港佛教學院的主講和五會念佛教授。這是觀本隨虛雲老和尚出家後首次回澳門傳播佛教文化，對澳門地區的居士影響深遠。癸酉（1933 年）二月，虛雲向觀本授三壇大戒，賜法名明一，時年觀本 66 歲。虛雲老和尚委他為鼓山監院，並負責組織整理經板及刊印各種典籍。觀本為虛雲復建鼓山和曹溪兩大祖庭助力甚多。

民國二十三年（1934），虛雲老和尚到曹溪南華寺祖庭。當時觀本正在澳門功德林內組織澳門佛學院講授佛法，應虛老的法諭北上韶關，在南華寺任首座代監院之職。1937 年，抗日戰爭爆發，廣州淪陷。虛雲同時組織抗日工作，吩咐觀本搭建棚屋，收納逃難的民眾，因此，當時韶關成為一個大難民營。

1941 年太平洋戰爭爆發，香江陷敵，觀本隨虛老駐錫雲門寺，戒持益嚴，眾所景仰，男女皈依者先後達數萬人之多。

虛雲老和尚是中國近代著名的禪門宗師，他跋涉於

虛雲老和尚（前排中）在功德林弘法與弟子合照

虛雲老和尚 1947 年在澳門說法（前排坐者右六）

紛繁的塵世，愛國愛教，慈悲濟世，一生充滿傳奇。透過功德林保存的那些發了黃的照片，時至今日我們仍能感受到當年這座位於寧靜小城中的小寺院，令人震憾的弘法場面。照片中虛雲老和尚總是微微垂着眼，弘法完身後站得滿滿，鏡頭也沒法將所有的弟子一起攝下，可見接受他開示和上課的弟子之眾。跟隨着這些照片與歷史文獻，讓我們重新回到當年虛雲老和尚在澳門弘法的盛況之中。

民國三十六年（1947 年），虛雲老和尚作為嶺南佛教領袖、重興南華寺的祖師，在女弟子寬如、寬榮等人陪同下來澳弘法。當時澳門引起一陣哄動，數以千計的善信弟

虛雲老和尚在澳門弘法（前排左三）

子以隆重儀式，鐘鼓齊鳴，東西並列，夾道俯伏，歡迎法師蒞臨。在澳門期間信眾非常踴躍。於是，農曆八月初一（9月15日），澳門佛教界假平安大戲院盛請虛雲老和尚為廣大澳門佛教善信講經說法開示歸戒。虛雲老和尚從"法即眾生心，眾生心與佛心本無二心"的佛教根本觀念出發，闡述了佛教的"三歸"、"五戒"思想及修行方法。由於反應熱烈，在9月17日，虛雲老和尚又應澳門善信邀請在平安大戲院為前來頂禮學佛者講法。由於語言不通，由法師弟子寬容居士擔任粵語翻譯。大師在說戒時，語氣總是沉重："佛與眾生，一迷一悟而已。當知此靈明覺知之心，即天然佛性，人人本具、個個現成。凡夫雖具佛性，如礦中真金，為煩惱沙石之所包含，故大用不彰。如來佛歷劫修行，已淘去惑業沙石，如出礦精金，其金一純，更不重雜沙石，大用全彰，故稱出障貫日月，大覺世尊。"虛雲大德講經說法，投入之時更是聲淚俱下，聽者莫不動容。

此次澳門講經傳戒活動非常圓滿，皈依者達千人，為澳門佛教史上空前之盛舉。不久，法師弟子寬如、寬容草居成立，命名為"慧明講堂"。虛雲老和尚與澳門地區其他大德一道為草居開光剪綵，深受澳門佛教善信的好評。

若虛雲老和尚真是1840年出生，照片中的他已經是逾百歲了，但依然精神奕奕，一派淡然，風骨神韻超脫。然而，大師眼睛總是低垂着。對此，曾經隨侍虛雲老和尚的朱鏡宙這樣回憶："大師一生，若與人接談，總是雙目視地三尺。即萬一舉視，立即下垂，雖與人攝影亦然，古人所謂行亦禪，坐亦是禪者。"原來如此！

張蓮覺居士

一直高懸於庭院的鼎鐘，總在晨光初現時敲響，提醒着人們，功德林靜靜地在小城中與時共進。鼎鐘是 1928 年正月在浙江鑄造的，見證着這座佛教廟宇的風雨歷程，亦記錄了對寺院捐助的善長，永遠陪伴着寺院的發展。鐘上刻了參與籌建的社會賢達的名字，細看之下，何東家族的成員有不少在此列中，包括其夫人何張蓮覺、子女、女婿等等，觀其位置，僅排在住持觀健及閣林籌募之後，定必是大款的捐贈者。

對於何東爵士（1862–1956），相信大多數澳門人都不會感到陌生，而為人津津樂道的是他與澳門博彩業大亨何鴻燊叔公與姪孫的關係。何鴻燊是何東爵士胞弟何福的孫兒，何家是赫赫有名的望族。何東本名啟東，字曉生，生

何東爵士夫人張蓮覺居士畫像

銘刻了參與籌建社會賢達芳名的鼎鐘

何東夫人（戴帽者）請智光法師在功德林講佛後與學員合照（1930 年）

於香港，是港澳著名的企業家和慈善家。追溯歷史，我們可見何東家族，特別是何東夫人張蓮覺居士（1875–1937），與功德林關係非常密切，在推動女子義學方面，貢獻良多。

　　似乎每每談到功德林往事，當中的人物都是充滿傳奇，何東夫人亦然。張蓮覺居士（張靜蓉）天生窈窕、端莊慈祥，她是何東生命中第三位夫人。由於何東元配麥秀英一直未有生育，後來納了周綺文為妾，可惜亦無子嗣。在那個年代，不孝有三，無後為大，為了延續家族香火，麥秀英請求其舅母將表妹張靜蓉許配給何東。在她"姐妹並肩，無分妻妾，若以側室視之，神靈不佑"的懇切誓言下，光緒二十一年正月（1895 年），張靜蓉嫁入何家。之後陸續為何東育有三子七女，成為影響何東家族最大的一個人。張靜蓉自幼信佛，是一位虔誠的佛教信徒，被稱善根深厚、福德兼備。在她後來著述的《名山遊記》記載："余家世代信佛，逮吾祖母吾母尤篤，故余髫齡時即知敬禮三寶，志修梵行。" 到中年，各種因緣，更是令她感悟到人生如夢，終於皈依佛門，為修行居士。正因如此，造就了她與功德林的一段緣。

　　何東夫人立志要改善當時港澳地區女子社會地位，當她得悉澳門功德林興建為女眾修道場，且管理和修道的規範甚好，便來參與商議，希望創辦一所"女子佛學院"。她在功德林創立初期，不但大力捐獻，更積極推動女子佛學教育。從功德林的舊照片中，可以看到她組織佛學講座的善舉。民國十九年秋，即 1930 年，何張蓮覺居士請智光法師於澳門功德林演講大乘起信論。照片中可見，拍攝地點是在她位於澳門崗頂的大宅（即現時的何東圖書館）前，距離功德林非常近，而地上坐着的大都是女孩子學員。

由此可見張蓮覺居士對推動女子教育和提升她們在社會地位中所作的貢獻，而澳門功德林是一個很合適的平台。其後，她致力在港澳之間設立講經壇場，禮聘各地著名的佛教講師，如虛雲、竺摩、觀本等等，宣講佛法。在功德林的女子佛教學院成立不久，民國十九年她香港於波斯富街設立第一所佛教學校"寶覺第一義學"，後來在澳門龍嵩街又設立"寶覺第二義學"。這兩所義學都是為了當時家貧女子而設立，開設的課程以實用為主，有珠算、縫紉、編織等，旨在使其能夠獨立並協助家庭。1935 年，何東夫人創辦香港首家女子佛教義學院，東蓮覺苑與寶覺小學一同建成。東蓮覺苑現為香港一級歷史建築。當年東蓮覺苑第一屆畢業生也來澳門功德林繼續參與佛教學習。兩學院之間的交流非常頻密，何東夫人發揮了極大的推動作用。

人間佛教

清幽蓮地尋芳影

　　功德林在不知不覺間，已經走過了近百個年頭，這個清幽之地凝聚了不少僧尼的心血，留存的人物故事充滿傳奇。通過功德林的文獻和文物，我們彷彿看見以往的日出日落，聽到縈迴的梵音，感受到他們在推動佛教傳播、提升女性地位事業中的熱情，聽到大德高僧曾經的心跳和呼吸。如朝林大師、冶開和尚，還有歷任當家住持或默默在此修行的大德，如觀健法師、觀道法師、觀志法師、觀苗法師（任監院）；以及其後一段時間，擔任董事局成員，主事寺院內外事務的普持法師、德修法師、祥順法師等等。

　　冶開和尚為近代高僧，常州天甯寺中興之祖。1852 年生於江蘇揚州一戶許姓信佛之家，父長華，母徐孺人。如前所提到的，冶開和尚是影響觀本修佛的關鍵人物，而觀本的堂叔張仲球居士，亦皈依冶開大師，法名觀圓。

　　朝林大師與功德林的緣分非常深，被視為功德林的開山祖師，在功德林祖師蓮位中註明："本林開山傳法上朝下林大師生蓮之位"。

　　關於釋觀健法師，我們所知不多，可查找的資料也極有限。然而，這位大德必然對功德林的創辦貢獻甚多。在

冶開和尚寫給張玉濤（觀本法師）的信函

《傳燈續燄》法卷部分資料中記錄了觀健法師為禪宗（臨濟宗）在功德林的第一代傳人

1928 年鑄造的鼎鐘上，銘刻了觀健法師為時任寺院住持。另外，在 1926 年功德林創辦的紀事木碑中可見，釋觀健為無量壽功德林時任院長，同時記錄了觀健法師的捐獻，送出本澳天通街 8 號、10 號屋兩間，原價港幣 3,400 元整。除此之外，在一些破損的縑帛文獻中，我們找到《傳燈續燄》法卷，記錄了觀健法師為禪宗（臨濟宗）在功德林的第一代傳人的資料。民國十八年（1929 年）四月初八所立："⋯⋯功德林第一代觀健乘賢，是為臨濟正宗第四十六世，深望赤心擔荷綿綿不絕偈曰：觀入無為自印心，健挈簡鉢佛緣深；乘湋既濟華嚴海，賢首宗傳世所欽。" 每句偈語的第一個字組成了 "觀健乘賢"。可見，觀健法師為功德林一代授法的傳人，也是主持和院長，地位重要。

以往在功德林接法的法師，多以 "觀" 字為排法名。與觀健法師同一時期接法的還有觀苗法師和觀志法師。觀志與觀本法師的關係，在《曲江張氏族譜》中這樣描述：民國十五年丙寅年（1926 年），德聲公之長女、檅泖之堂姊（毅然繼起薙度為尼，禮功德林朝林和尚為師，法名乘喜，號觀志）。觀本法師在家族中也致力提倡佛教。如前所述，檅泖是觀本法師的長子，於 22 歲時出家，法名妙持。觀志作為張家後人，一度負責打理功德林寺院事務，後來因身

年輕時的果圓師太

體問題，交由觀苗法師任監院，負責寺院的內外事務。

　　大約二十世紀七十年代，功德林由祥順法師、普持法師、德修法師同時擔任住持及當家。德修法師主要負責功德林內務，祥順法師負責外部事務，例如法事、對外聯繫等等工作。普持法師是果圓師太的弟子，所以也同時擔荷當家的重任。果圓師太，也是一位傳奇的人物。先說她的身世，她應是香港望族何東爵士的姪女，她父親何金堂是何東的兄弟，然而由於母親沒有正式入門何家，因此她只能被視為私生女。不幸的是，母親在一場大火中離開人世，而她本人嫁給簡照南，為第四任太太。後來，種種因緣，也出家了。當中的原因，留待我們以後再探索。抗戰

大士之道利

忘軀若必使

教流傳能洗

俗雖復身

爐鑊苦

修摩羅什法

來華別母语

果圓上人　竺摩

竺摩大師贈果圓師太墨寶

其間，她與竺摩大師及其他有識之士在功德林常有交流，並獲墨寶。

曾經重門深鎖的功德林，也非一直都是寧靜，她見證過民國的變革與動盪、抗戰時期的哀鴻遍野與流離失所。這裡緣來又緣去，仍然傳來祥和的念佛聲，來自各地的佛教人士，包括內地、香港、東南亞的信眾甚密，寺院曾經有七十多人在此駐錫。這座小小的寺院，一時間非常熱鬧。到二十世紀八十年代時，寺院約有二十多人，包括出家法師和在家居士。

在近百年的發展歷程中，寺院似乎難逃祝融光顧的命運，功德林亦然。據知，這裡曾經發生過兩次火災，第一次在七十年代，造成了一定的損失，而比較嚴重的一次是發生在 1995 年 12 月 6 日傍晚。樓下的觀音殿正準備裝修，有位老婆婆不小心打翻香燭引起大火，內壇幾乎被燒毀了，同時許多有價值的歷史照片也赴之火海，損失嚴重。大家正在徬徨之時，神奇地發現身披布衣的觀音神像安然無損，令各人定下心神。

無量壽功德林，歷史不足百年，卻具有無可比擬的特色，它既提倡淨土宗，也弘揚禪宗，是澳門罕有的正信佛教寺院。我們在電視劇或小說，不時看到佛教中人在廟宇

寺院中的"無量壽功德林"標誌

功德林最早的殿堂 —— 觀音殿

1995 年 12 月 7 日《澳門日報》的功德林火災報道

掛單，即在寺院中住宿，或稱駐錫。原來是否收留，這關乎寺院是叢林廟或是子孫廟。所謂子孫廟，就是師傅收徒弟，住持之位代代世襲相傳。這些寺廟不一定收留外地眾信借住，而功德林是屬於十方叢林，即十方常住，傳戒不得私收徒弟，應不分東南西北。寺院有讓出家人有掛單居住的權利，同樣也有保護的義務，而住持是以推選或委任方式出任。

阿彌陀佛

關於功德林所倡導的佛教宗派，在其成立照片中有這樣的的文字："民國乙丑（仲冬）阿彌陀佛聖誕日鏡海蓮華峰下功德林成立建設水陸道場四十九天圓滿普集諸師攝影以為紀念。"由此可見，阿彌陀佛是功德林主要信奉的佛。在梵語中，無量光（Amitābha）與無量壽（Amitāyus）都來自同一個字根（Amita，音譯阿彌陀）。所以，阿彌陀佛，即無量光佛，或稱無量壽佛等，在大乘佛教信仰中，認為他是在西方極樂世界的他方佛，而淨土宗法門就是以信仰阿彌陀佛為主的宗派。寺廟的名稱無量壽功德林本身已充滿淨土宗的色彩。

寺院中的蓮花畫作

"老實念佛"

禪修臨濟宗

關於禪宗，我們可追溯至釋迦牟尼佛在靈山法會以正法眼藏付與的大弟子迦葉，也是佛教以"心傳心"授法的開始，即所謂的正法眼藏。後來第二十七祖達摩尊者來到東土，開始在中國傳播禪宗，在中國被視作始祖。到六祖惠能時，禪宗在中國發揚光大，奠定的理論基礎，對後來各派禪師建立門庭，影響極大。其後形成河北臨濟宗、江西曹洞宗、湖南溈仰宗、廣東雲門宗、江蘇法眼宗五宗，即"一花開五葉"。而在中國、日本，是臨濟宗及曹洞宗兩宗最盛的地區。在功德林收藏的一批文獻可見，寺廟中的比丘尼、大師等等多為禪宗（臨濟）派的弟子或傳人，當中包括了在近現代非常著名的虛雲老和尚。

淨土宗與禪宗是對中國漢傳佛教影響最大的兩個支派，自唐代創立後流傳於中國、日本、韓國、越南等地，至今不衰。在中國，禪宗發展由菩提達摩傳入開始，至六祖惠能發揚宏大。六祖門下分洪州及石頭二宗，再發展為五宗七派，其中臨濟宗是功德林的法師及住持所傳承的宗派。功德林成立之初便提倡淨土宗法門，所以是淨土宗與禪宗並修之寺院。

　　幾卷殘破的《傳燈續燄》縑帛文獻，亦記載了民國十八年（1929 年），由禪宗（臨濟）派朝林大師見證授予寺院的女尼如觀健法師、觀苗法師，以及觀志法師為功德林第一代（臨濟宗）弟子的史料，是寺院中比丘尼受禮於佛門的見證。

　　功德林比丘尼一天生活清淡，早睡早起，而且有規律性：

　　3:30 敲鐘、打板，也就是起床時間

　　4:00 早課時間，念〝楞嚴咒〞

　　5:30 各自看經書、學習

　　6:00-6:30 早餐

　　8:00 常規功課背金剛經

10:00 處理自己事務

11:00 午餐

12:00 中午靜坐（坐香）

14:00 休息

15:00 晚課

17:00 晚飯

19:00–20:00 靜坐，反思，念經

20:30 熄燈，休息

五會念佛

　　所謂五會念佛，是淨土宗念佛的一種方法，也是佛學術語，為唐代法照依無量壽經所創之念佛法門，又作五會真聲。例如，第一會是“平聲緩念”，即平聲靜意地念“南無阿彌陀佛”六字佛號。第二會是“平上聲緩念”，就是念佛號時聲音略高一些。五會念佛的方法，是唐代淨土宗法照根據《無量壽經》而建立的。該經說：“清風時發出五音聲，微妙宮商，自然相和。”這就是五會念佛的出處。其意義有五重：第一會時除亂意，第二高聲遍有緣，第三響揚能哀雅，第四和鳴真可憐，第五震動天魔散，能令念者

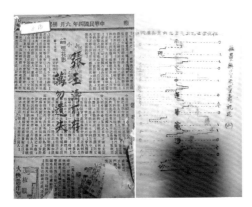

觀本法師存於功德林的念佛曲譜

觀本法師（二排左十）在五會念佛畢業懇親大會上與學員合照

入深禪。但是，由於時代發展以及宗派的演變，樂譜已經失傳了。

對於此，觀本法師極為關注並進行了深入的研究，他在著作《香光閣隨筆》以及《五會念佛譜》當中闡述，念佛之法主要在於念佛聲音的緩急，以此表達念佛的心情安靜和急切的意義。據知觀本法師在由日本出版的大藏經中尋獲後人流傳的簡譜，於是在此基礎上創立五會新聲念佛，並帶領香港寶覺佛學班灌錄了一套唱碟。而僅存的十套唱碟在香港東蓮覺苑澄真老法師遺物中被發現，可謂彌足珍貴。

為甚麼觀本法師要如此努力去復興五會念佛？據香港東蓮覺苑的法師表示，因為他希望修淨土念佛的大眾能體驗經文的真意。原來觀本法師的心願是如此懇切。自觀本法師重構唱譜後，東蓮覺苑歷代跟五會念佛的因緣便越發加深──無論是法師組織的寶覺念佛社，還是苑裡的日常早晚課。按照該曲譜念唱，讓人感覺環境柔和寫意，如輕拂和風，扣人心弦，並生起莊嚴之感。

佛七法會了卻生死

功德林作為主要倡修淨土宗的寺院，僧尼常作佛七法會。所謂佛七，即是設立道場以七天為一周期做佛事，若念阿彌陀佛，則稱念佛七，或者說打七。那麼，其目的何在呢？或者從佛教的角度而言，了卻生死，了卻輪迴，其義更大。因此，佛七就是在七日當中，一心一意地念阿彌陀佛，令人放下萬緣，放下了，便往生西方極樂世界。或者佛的本意就在此，令眾生了卻生死，以避免生死輪迴之苦。佛法分大乘小乘：小乘佛法只為自己了生死，大乘佛法是要普度眾生的。念佛法門是大乘佛法，不但要自己，還要為一切眾生了卻生死！

是的，我們平凡人到寺院念佛，或向佛禱告，希望平安，或者求佛保佑事事如意。也有不少大富大貴者，卻仍然不大快樂，感覺人生沒意思，以念佛之功德，求取福報。那麼，念佛與人生的意義，值得我們重新思考。

功德林深入民間

以往人們對佛門的理解是：遁入空門、不問世事。其實從佛教的觀點，當中的許多哲理是與我們生活中的待人處事、生活態度相關的。正所謂佛是開悟的凡夫、凡夫是未開悟的佛。所以佛教也非一定出世或避世。從澳門功德林成立之初，就推動社會活動，提升女眾地位，便可見人

戒晟法師

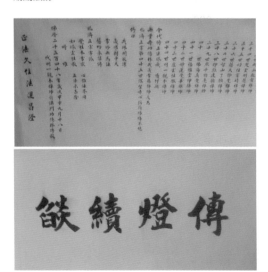

《傳燈續燄》法卷記錄了戒晟法師為臨濟宗第四十五世禪師

間佛教的理念。這也是近代佛教運動的體現。著名的佛教僧人和哲學家太虛大師就倡導人生佛教的思想,其後得到佛教中人如星雲大師、證嚴法師的推廣,令佛教的許多道理,得以融入生活中。

二十一世紀初,功德林已經有相當長的一段時間處於較為寂靜的狀態,大門常關,寺院中只有七八位比丘尼和雜務居住,甚為清幽。當時功德林的慈善會主席普持老師傅重組了董事會,並公推香港佛學會會長戒晟法師為無量壽功德林新任住持。2004年(農曆甲申年九月十八),戒晟法師(1967年生)在各方的見證下正式出任住持,自始寺院再度活躍起來。他秉承功德林創建時弘揚佛教和興辦義學的宗旨,將佛學思想融入社會,呈現了新的局面。

戒晟法師原籍福建,俗名陳春,自幼對佛教產生濃厚興趣。在他17歲那年,便已正式出家,同時接受正宗的佛教學院教育,22歲畢業於閩南佛學院,並且受聘於該院任教三年,對佛學深有研究。1991年赴港參與弘法活動,其後於1998年創立香港佛學會,並擔任香港佛教僧伽聯合會董事、香港妙法寺董事,香港能仁書院校董及多間中學校董。在功德林保存的其中一卷《傳燈續燄》法卷,記錄了戒晟法師為臨濟宗身四十五世禪師。乃由普持師傅禮請

大殿重修後不時舉辦學術交流活動

小朋友參與寺院舉辦的念佛活動

澳門佛教總會會長泉慧長老代表功德林的主要創辦人觀本法師傳法與戒晟法師，作為臨濟法脈第四十五代傳人。各方期望戒晟法師發揚宗風，光大祖庭。傳法大典邀請香港楞嚴精舍住持紹根長老、妙法寺住持修智大和尚、培仁長老、世孝長老、澳門觀音堂住持機修長老、功德林普持老師傅、德修當家師等共同見證。法卷記錄："……四十四世明一觀本禪師，今代代將正法藏囑咐與無量壽功德林戒晟禪師，是為臨濟正宗第四十五世……偈曰：戒珠明皎潔，晟曜朗中天；常修無為法，慧燈永留傳。"

　　自從戒晟法師擔荷功德林住持後，便一改以往門禁森嚴的模式，採取與社會共融發展的人間佛法理念，與大眾緊密聯繫。經常舉辦大型祈福法會，如水陸法會、千佛耀濠江慶澳門回歸，在澳門辦義學、推動佛學教育、大力倡議素食、開放藏經閣資料並與文獻和歷史學界共同整理史料……資助內地興建一百七十多所希望小學，近年開始也對高等人才的教育進行資助，令功德林的活動深入到社會中。

　　"莊嚴濠江、利樂有情"是戒晟法師在澳門推行佛法的理念，也是人間佛學思想的體現。因此，功德林舉辦的一系列社會活動也打開了局面。寺院近年重建大殿，並定期舉辦大規模的念佛會。開辦的課程也貼近大眾，以義學方

近年各地不少佛教界人士應邀參與功德林舉辦的法會

重修後的寺院

式造福社會，吸引了不少善信參與。除了專門邀請佛教界的大德到澳門弘法，主講《唯識》課程，同時更因應社會之需，舉辦各種興趣班，如插花班、攝影班、烹飪班等免費課程，也設有義醫服務。一時間，功德林庭院和佛殿又熱鬧起來。在戒晟法師住持下的無量壽功德林，再次進入了全盛時期，深入澳門社會。由他籌劃的多次大型的祈福法會，得到澳門特區政府行政長官、官員，以及社會各界廣泛關注、參與和支持。

由於戒晟法師的重視，藏經閣也得到很好的重整，從2013年開始，寺院與澳門文獻信息學會共同整理，對古籍資料進行分類編目，包裝和排架。並於2016年5月成功申報列入聯合國教科文組織亞太區《世界遺產名錄》，令功德林的文化底蘊得到彰顯，並且得到國際社會的認同和澳門市民的了解。

一度引起社會關注的澳門藥山禪院，戒晟法師被委任管理後亦做出重整，以此作為平台，致力推廣佛教。2014年，他以自資和籌款方式進行了大規模的修繕、改建，及重新規劃。使原本只是做提供先人靈位服務的模式得以更好的保存外，更重整為弘揚佛教、提供義學的佛教禪院。因此，藥山的圖書館也得以擴展，增加了大量書籍，並向

功德林舉辦的水陸法會成為民眾
的喜慶活動，佛教界的盛事

公眾開放。不同類型法會,大眾念佛、學法等等活動在禪院中活躍起來,並教授佛教禮儀、贈醫施藥。以此弘揚佛法、廣結善緣,推動報孝以及和諧社會的風氣。延續了功德林推動社會進步的宗旨。

水陸法會復辦

近十年,功德林再度舉辦佛教界的盛事 —— 水陸法會,也是澳門唯一主持水陸法會的寺廟。法界聖凡水陸普度大齋勝會,簡稱為水陸會,又稱為水陸道場、悲濟會等,是漢傳佛教的一種修持法,也是漢傳佛教中最盛大且隆重的法會,在佛教界具有舉足輕重之地位。事實上,自功德林正式成立開始,便舉辦水陸法會,其後一段時間停辦。近年在戒晟法師的帶領下,組織了社會各方善信,形成規模浩大的佛教活動,也是澳門的一項非物質文化。活動的宗旨是以上供十方諸佛、聖賢,無遮普施齋食為基礎,救拔諸六道眾生,並廣設壇場,使與會眾生得以其因緣,至各壇聽經聞法。故在法會中所供養、救度的眾生,範圍相當廣泛,因此集合了消災、普度、上供、下施等等諸多功德。

藏經閣的瑰寶

功德林內有一座藏經閣，筆者及澳門文獻信息學會同仁直接參與整理，當知其珍藏的檔案文獻價值和意義重大。記得 2013 年深秋某一天，一位國際文獻學專家來澳，筆者抽出午飯時間與他匆匆到訪功德林。剛剛完成佛教界盛事水陸法會，功德林回復了如常的寧靜。踏進院子，便傳來幾位法師誦經的梵音，心情特別恬淡。拾級來到專門珍藏經書的大廳，戒晟法師早在等候我們，桌上亦備好散發出淡香的清茶。我們一邊品茶，一邊在隱約可聞的念佛聲中討論文獻整理的問題。或者是這種環境產生出特別和諧的氛圍，大家談得非常投緣，很快就對如何開展整理與申報等具體工作的方案有了共識。經過各方數年的努力參與，終於在 2016 年 6 月，《功德林檔案文獻》成功列入聯合國教科文組織亞太區《世界記憶名錄》。

　　由於功德林在創辦時已是佛學院，令寺廟累積了文獻寶庫。筆者得到住持釋戒晟法師的指導以及寺中比丘尼的幫忙，在藏經閣進行調研，同時組織文獻信息學會成員包括學生及專業圖書館人員對寺院文獻進行全面整理，分類及編目。結果顯示，閣中所藏由明末至上世紀八十年代文獻約二千種，共六千餘冊，大部分是佛教文獻，以經、律、論為主，兼具佛學研究、文化藝術、國學、道德倫

United Nations Educational, Scientific and Cultural Organization

certifies the inscription of

Archives and Manuscripts of Macau Kong Tac Lam Temple (1645 – 1980)

The Macau Documentation and Information Society

Institution

Macau

City

Macao SAR, China

Country

On

The Memory of the World Regional Register

For Asia/Pacific

Li Minghua
Chair
MOWCAP

19 May 2016
Date

Misako Ito
Adviser for Communication and Inform
UNESCO Bangkok

UNESCO Memory of the World Committee for Asia/Pacific (MOWCAP).

《澳門功德林檔案文獻（1645-1980）》列入聯合國教科文組織亞太區
《世界記憶名錄》證書

功德林昔日的藏經閣

藏經閣豐富的文獻

理、商學、哲學等。其載體形式包括貝葉、線裝紙本、手抄本、縑帛文獻等。這些文獻主要是佛學社時期的教材，以及學員之參考書。寺內近十年來有過多次小規模的修繕和調整，原本藏經閣中的典籍亦搬移了數次，但仍然保存良好。除此之外，還有老照片、信函、手稿、字畫等等，彌足珍貴。

佛教經典

寺院中收集的經書豐富，例如《竹窗隨筆》之《竹窗二筆》及《竹窗三筆》，此為明末高僧蓮池大師晚年的隨筆文集，辨禪、教、淨之正知見，乃至對佛儒融合也有一番精闢論述。而其中談到修行人生活行止的部分，更可以看到一代大師的風骨。各類佛教經典內容豐富，涵蓋年代久遠，例如由佛家弟子李子農捐資印刷的《藥王藥上二菩薩經》；1920 年的《大悲合節懺儀》，其書名頁中列明："中華民國九年仲秋本房弟子重刊，浙杭西湖慧空經房印造流通"；其他的有《金剛經五十三家註解》；《大藏經》整套齊全，共 43 套。另外，其他經書如：宋磧的《砂藏經》、《梵鋼經》、《蓮華經》、《十六觀經》、《義音經》、《禪師語

《竹窗隨筆》之《竹窗二筆》（崇禎十一年，1638 年）

大藏經

錄》等等，以佛教和中國傳統倫理思想為主。除了經書外，還有一批佛學的書籍，如高等佛學教科書《大乘起信論科經》，出版於光緒甲辰年；以及於光緒二十四年（1899 年）出自"金陵刻經處"的《大乘起信論疏解彙集全函》（線裝書）共 12 冊；還有《佛學大辭典》共 16 卷；《高僧傳》（線裝書）共八卷；唐京兆大薦福寺的《義淨傳》；洛陽廣福寺的《金剛智傳二》等等，皆是作為寺廟出家人修佛之用。總的來看，佛教活動在澳門所產生的文獻資源多是有關佛教經書和教理為主，比較集中於佛學、哲理、國學，以及道德等方面。

事實上，這些文獻具有珍貴價值，觸手皆是經典佛學古籍名著。藏經閣中的《大方廣佛華嚴經》共有 80 卷，為一套著名的佛教經典，另稱《雜華經》。目前學術界一般認為《華嚴經》的編集經歷了很長的時間，大約在公元二至四世紀中葉之間，最早流傳於南印度，以後傳播到西方印度和中印度。該佛教經典漢譯有三種，（1）東晉佛陀跋陀羅譯，60 卷 34 品，稱《六十華嚴》；（2）唐實叉難陀譯，80 卷 39 品，稱《八十華嚴》；（3）唐貞元中般若譯，40 卷，稱《四十華嚴》。據有關百科全書所指，"在譯本中，亦是以唐譯的《八十華嚴》品目完備，文義暢達，最為流行。"

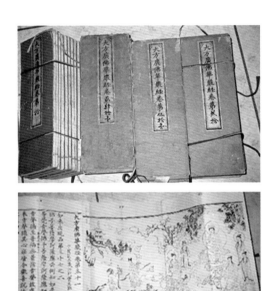

《大方廣佛華嚴經》（民國時期重刻的版本）

功德林寺廟內保存的是屬於上述的第二種，十分珍貴，該套文獻是民國初期重刻的版本。

信函手稿

寺院中保存的珍貴文獻，有助於我們探討當時的社會背景，尤其反映了澳門作為有識之士活動的平台作用。在功德林的藏經閣中，除了一批珍貴的佛教經典古籍外，還有一些手抄本書籍，主要是國學典籍，包括四書以及中國傳統文化的手抄稿，內容豐富。而難能可貴的是，早在學院成立不久，寺院的負責人已經對藏經閣的典藏進行了認真的整理，並抄寫了目錄資料，說明對文獻保存和利用的重視。

與此同時，由於寺院作為佛學院，保留了學員上課的筆記資料，以及法師講課的宣傳資料，主要包括觀本法師、虛雲老和尚等大德的佛學記錄。更為珍貴的是，在法師的遺物當中，保存了不少信函，包括冶開和尚、梁啟超，以及各地僧人居士的親筆函。這對了解當時社會背景以及寺院的情況具有重要的參考價值。令人關注的是當中不少信函已經破損，急待修復。

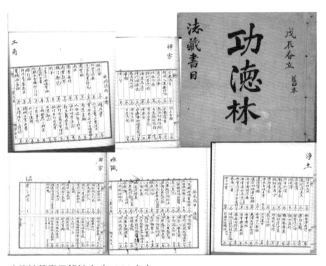

功德林藏書目錄抄本（1928 年）

手抄本書籍

信函手稿

貝葉經

　　在功德林的一座木櫃內藏着的貝葉經，一直靜靜地安於寺中，珍而重之地保存着，誠為鎮寺之寶。目前所見共有 8 捆，約兩千多片，每捆外用布包裹，內以繩穿過葉面上的孔，並用木夾板為封面及封底作固定及保護作用，避免散亂且利於攜帶，此裝訂形式為梵筴（夾）裝，外側兩面均塗上金漆，全套保存良好。據初步了解，此套貝葉經以緬甸文刻寫，至於年代及具體內容則有待進一步研究。相信此為以往在辦佛教學社的法師或居士從海外帶回來，已珍藏於寺中多年，見證着功德林寺廟的發展。

　　貝葉經發源於印度，已有兩千多年的歷史。在紙張出現以前，古印度人採集貝多羅樹（梵文 Pattra，也即是棕櫚樹）的葉子，通過採葉、水煮、晾乾、磨光、裁割、燙孔、用堅硬鐵筆在葉上刻寫、上色及裝訂等步驟而形成一套經書。多為印度的古典語言泰米爾語和梵文，內容涵蓋醫學、農業、科技等不同知識領域的題材。佛教徒們也用貝葉書寫佛教經典和畫佛像，記錄各種活動並刻上佛教經文，因而出現了貝葉經之名。由於貝葉比較耐磨和輕便，千百年後字跡仍可清晰辨認，故當時成為一種甚為流

收藏貝葉經的櫃子

貝葉經

行的文獻載體。在印度，早期的貝葉經寫本幾乎已失傳，在中國同樣已相當稀少。據說唐代高僧玄奘西去取經，從印度帶回來 657 卷貝葉經，在長安翻譯佛經，這些貝葉經至今被珍藏在大雁塔中。目前，流傳在中國的貝葉經少之又少，在西安大雁塔、峨眉山、普陀山、中國國家博物館等處存有少量版本，因而貝葉經已被定為國家一級文物。在東南亞各國，除了印度，尼泊爾、緬甸、泰國、印尼等國家仍擁有用巴厘文、緬甸文、泰文等拼寫的貝葉經。另外，在西雙版納發現的貝葉經，有巴厘文本和傣文本，內容除小乘佛教經典外，還有許多傳說、故事、詩歌和歷史記載等。

文獻作為歷史的載體，其存在往往與當地社會發展息息相關。據鄭子健的記載，觀本法師辦妥功德林事務後，曾遊歷南洋群島，並且參禮緬甸大金塔，更曾留居曼德里時達半年之多，回來後活躍於港澳之間，繼續弘法之路。這些珍貴的貝葉經是否由觀本法師從緬甸大金塔帶回，或需留待後人繼續探討。

聯合國教科文組織評委對文獻嚴格評審

聯合國教科文組織對每一項申報《世界記憶名錄》的文獻皆進行嚴格審議，主要根據評審標準：（1）文獻的真實性，如包括文獻遺產的產生背景，它的來源和形成具可靠依據；（2）世界意義，主要包括文獻遺產是否具有獨特和不能替代的價值，在某一時期和地域造成巨大影響或者在地區上產生了跨國家的文化交流，以及在人類歷史上是否產生具大影響；（3）普世價值，包括文獻遺產涉及的人物、時間、地點、主題和題材、載體和樣式等等；（4）其他元素，如文獻稀有性、完整保存、保護環境、管理及利用等等的因素。澳門功德林寺院文獻遺產的申報及解說獲得評委充分認同，並由評委投票通過，成功入選第七屆聯合國教科文組織亞太區《世界記憶名錄》。

隱藏在文獻背後的故事

觀本法師與梁啟超的關係，前面我們已經約略提到，兩人曾在清末的“公車上書”與“戊戌變法”的歷史事件中有過交集，且在流亡日本後結下過友誼。但這只是浮光掠影，對於兩人情誼更多的細節則不得而知了。

多年後的今天，當我們翻開一批藏在功德林古舊木櫃中的信函時，我們欣喜的發現，透過那一封封親筆信，以往模糊的歷史細節瞬間變得的清晰生動起來。

透過觀本法師與梁啟超之間的通信，我們知道兩人在日本辦學期間往來甚密，而且友情不淺。梁啟超常以"玉濤我兄"來稱呼觀本。光緒二十四年（1898年），只有25歲的梁啟超抵達日本，初時居住東京。1899年的春天，在日本的梁啟超送走老師康有為後，就潛心學習日文。他拜羅普為師，並鑽研了"和文漢讀法"的學習日文的捷徑。很快就能夠閱讀報刊、圖書。通過閱讀日本翻譯的各國圖書，梁啟超廣泛地接受了西學，為他進行輿論宣傳提供了新的理論知識。得到東京華僑支援的梁啟超，於1899年在橫濱創辦大同學校，為流亡海外的青年學子和華僑子弟提供高等教育。同時，又在神戶創立小學同文學校。

數年後的1904年，觀本攜妻子東渡日本留學，此為他第二次赴日，就讀於東京帝國大學，專攻政治經濟學，還兼任上海廣智書局（編輯學報）駐東京主任。在此期間，他在梁啟超辦的大同學校任地理教席之職。其後在1908年，觀本移居日本神戶，又在梁啟超創辦的同文學校任校長，二人相互扶持，關係密切，合力振興和推動華僑教育。

而他們的友情，從功德林塵封的觀本法師遺物，以及他珍而重之地保留的書信中，可以得到印證。以下摘錄其中部分（感謝國家檔案局局長李明華先生幫忙解讀文字及標點）。

信函一：

玉兄鑒：馬先生至，弟適因達侍郎來此，專欲約弟相見，故在神戶多住一禮拜，是以不能隨行。覺頓即日須隨馬先生歸國，並有他行，校事萬難兼顧。此間總值理屬（囑）弟專誠敦請吾兄庇代，望必不棄，與覺頓偕來到卯。此請

大安。弟　啟超頓首

信函二：

覽尋常第二學年生所讀之新書，又是第二讀本，且此前所讀之第二讀本更淺，思成已全本能自讀且自解，其不認得之字，通本不及十幾個。如此豈非愈讀愈退，耽閣（擱）小孩之學業，得毋過甚。可否就其所讀接續下去，即據以第三讀本，請尊裁。此上

玉兄　啟超頓

信函三：

示悉。頃感冒不可以風，不能到神戶，請代致意。董君將信函件交尊處，即煩我公代發一收條，並為我深謝。董君若有必須面會之處，請公先將信收下，再別委一人，偕同君枉駕見訪為〔禱〕。此致

玉濤我兄。弟啟超頓首

除了信函外，在整理觀本法師的遺物中，我們也找到梁啟超相贈的禮物，例如賦詩的扇子。

蠻歌曲終錦瑟長，兔魄欲墮潮頭黃。微雲遠連海明滅，稀星故逐船低昂。

繩牀簸魂夢耶覺，冰酒沁骨溫以涼。如此閒福不消受，一宵何苦為詩忙。

澳亞歸舟雜詩

錄奉

玉濤我兄兩正

梁啟超

觀本法師比梁啟超年長五歲，以上信函中，梁啟超以"玉兄"、"玉濤兄"、"玉濤我兄"等稱之。信函一使用

梁啟超致觀本信函

梁啟超贈觀本賦詩的扇子

的是同文學校的信箋，反映了當時在日本辦學時處理的日常事務，以及兩位有識之士互相扶掖。另外，在信函二中所談乃教學之事，認為課文讀本不足以提升小孩學子的水平，建議修改；同時，該函也提及其子梁思成，並以他基本能讀通全本為例，說明課本過於顯淺，冀望修正課本。信函三，是梁啟超身患感冒，未能到神戶，委託張玉濤（觀本法師）代為處理事務，可見梁啟超對他信任。而在梁啟超贈觀本扇子中所賦的詩，是取自他《澳亞歸舟雜興二首》。1900 年，梁啟超從日本到澳洲籌集經費，於 1901 年回日本，兩首詩是他在途中所作。反映他百感交集，郁悶不樂之心情。他以此詩相贈，足可見他對觀本的友情。

　　觀本法師與梁啟超這段湮沒在歷史中的情誼，當藉由藏經閣珍藏的信件被一點點揭示的時候，不正是說明藏經閣歷史文獻為難得的歷史文化記憶瑰寶的絕佳實例？

結語

　　澳門自開埠以來，受宗教文化的影響殊深，西方的天主教曾經以澳門作為向東方傳教的基地，而佛教文化亦早已根植於此。功德林寺廟始建於民國初年，以淨土宗為建廟宗旨，同時弘揚禪宗。由於此處曾辦佛教學社，從民國初年到抗戰時期，聚集了不少有識之士、佛學大師、文化名人。他們在此進行交流、學習、研究佛學，在傳播佛教文化的同時，更進行思想交流，積澱文化。可以說，功德林曾經集弘揚佛教的寺院、學術殿堂、進步思想的搖籃，賢士大師文化交流的平台於一寺。此外，功德林在中國近現代推動女眾佛學教育，提升女性的社會地位方面亦具有深遠影響。這多少得益於澳門相對和平的環境，為多元宗教和文化締造了良好的空間，也反映了澳門社會包容的特色。

　　今天，功德林這方小小的淨土，還是經常聚集港澳及各地文化人到此交流，似是當年有識之士及佛學大師的對話。齋堂散發淡香的清茶，各式素菜齊備；在藏經閣中細讀珍貴文獻、欣賞名人字畫、品味珍貴的貝葉經，讓人怡然；寺院內，則梵音陣陣，依然是一派莊嚴、祥和！阿彌陀佛！

附錄：功德林大事記

1894 年

觀本法師（張壽波，字玉濤）與叔父張仲球、同鄉好友陳蔚秋、陳筱江等人從香山南屏鄉來到澳門。在澳門創設原生學舍、原生學堂及原生書藏，同時成立戒煙會、戒婦女纏足會。

1915 年

觀本法師在澳門奉母率家族創念佛道場，為張氏家族的念佛道場。

1918 年

創設佛聲社，招集同志星期講學及倡蔬食。

1923 年

南海簡濟善堂弟昆出而為功德主，佈金買地，向葡國官廳立案，永為女眾清修之所，定名曰無量壽功德林。

1924 年

改組為慈善女修院。觀本法師為主要發起人，簡照南、簡玉階（南洋兄弟煙草公司）、觀健法師、何張蓮覺居士等等各方人士參與，為澳門歷史上第一座面向社會的佛教女眾修道場，在澳門佛教中具有特殊的重要地位。請上海靈山寺朝林大師掛臨濟鐘板。

1926 年

1 月 1 日（農曆一九二五年十一月十七日），功德林設水陸道場，標誌着功德林的正式成立。

約 1926 年

觀健法師任住持，以及功德林女子佛學院院長。觀健法師捐贈澳門通天街八號兩屋（價值港幣 3,400 元整）。

1929 年

5 月 16 日（四月初八佛誕日）觀健法師、觀苗法師、觀志法師接法，為臨濟宗在功德林第一代傳法人。

1929 年

香港爵士何東先生的夫人張蓮覺居士參與興建女子佛學院。

1931 年

觀本法師剃度出家（在常州天甯禪寺）。

1931 年

竺摩大師應上海的芝峰法師和大醒法師之約，回浙江雁蕩山避亂和修養。臨行前於 4 月 3 日，在澳門何斗燦醫生的聽松山館與一眾文化人舉行 "留別畫展"。

1932 年

功德林全體善信極力要求，觀本法師離開福州鼓山湧泉寺，回到無量壽功德林提持住眾。

1932 年

高僧果清和尚於澳門賈伯樂提督街創立藥山禪院。

1933 年

觀本法師在功德林佛學院任教，同時兼任香港佛教學院的主講和五會念佛教授。

1935 年

張蓮覺居士利用江蘇鎮江竹林寺高僧靄亭退位遊港的機會，特別邀請老法師幫助在香港恢復未繼的功德林女子佛教文化教育事業，終在港成立寶覺佛學社，招收港澳和內地潮汕地區的佛教女眾。

1939 年

香港東蓮覺苑苑長林楞真特邀請竺摩大師到功德林創辦"佛學研究班"，教授來自港澳的佛教女眾，標誌着功德林女子佛教文化教育的真正恢復。

1941 年

竺摩大師講解《解深密經》，並指導功德林佛學研究班學員江之萍等以經文中有"女性暗弱"等貶斥女性的言論為主題，掀起了一場如何看待大小乘經典中輕視女性問題的討論。

1942 年

觀本法師應在澳門避難的廣州陶輪學社諸學子盛情邀請，赴該社講解六祖慧能之《壇經》，再次來澳弘法。當時，觀本正跟隨六祖寺重興宗師虛雲老和尚修道，故這一次在澳門講授《壇經》，應是他多年來追隨一代禪宗佛教宗師虛雲老和尚的修道結晶。

9 月 14 日，嶺南佛教領袖、南華寺重興祖師虛雲老和尚在女弟子寬如、寬榮等人陪同下來澳弘法，澳門數以千計的善信弟子以隆重儀式歡迎法師蒞臨。15 日，澳門佛教界即假平安大戲院盛請虛雲老和尚講經說法，深受澳門佛教善信的好評。

約 1950–1970 年

觀志法師（觀本法師姪女）擔任住持及當家，因身體不適，由觀苗法師任監院，處理院務。

約 1970–2004 年

普持師傅、德修師傅、祥順師傅同時擔任董事局成員。1995 年 12 月 6 日功德林曾發生火災，損失慘重。

2004 年

戒晟法師獲董事會委任與推舉，擔任功德林住持。

2005 年

重新舉辦大型水陸法會，自始每年舉辦，成為澳門佛教界的年度盛事。

2008 年

德修法師逝世。

2008 年

11 月 8 日，舉辦的 "千佛耀濠江" 慶澳門回歸九周年祈福供天大法會，盛況空前，來自海內外二百餘名高僧，雲集澳門東亞體育館，莊嚴的大供天儀式誦經歷時 16 小時，聲震澳門。其後多年舉辦慶回歸大型活動。

2009 年

"萬佛佑澳門" 頌華誕慶回歸兩岸四地佛教界三大語系 2009 祈福大法會，由澳門佛教中心協會和香港文匯報聯合主辦、澳門無量壽功德林承辦。戒晟法師主持法會，政商界人士，以及各地佛教界長老參與盛事。

2014 年

10 月 31 日 –11 月 2 日，舉辦 "佛教頌澳門慶回歸祈福大法會"，作為慶祝澳門回歸 15 周年的大型活動。

2016 年

3 月 20 日，戒晟法師籌組成立澳門佛教基金會，以弘法利生為宗旨，團結澳門各佛教團體及弟子，透過建立一個良好平台，集結力量，與佛教界人士定立同共的目標，以系統化和策略性的方向發展，推動及促進澳門佛教慈善事業及相關社會公益事業。

2016 年

5 月 19 日，由澳門文獻信息學會成功申報《功德林檔案文獻（1645–1980）》列入聯合國教科文組織亞太區《世界記憶名錄》。

（註：部分資料未有文字記錄，為採訪所得，或未盡善，冀請各方斧正。）

主要參考書目

北京大學外國語學院、北京大學東方研究院、梵文貝葉經與佛教文化研究所 http://www.mldc.cn/sanskritweb/disser.html。

華方田，〈澳門佛教組織〉，載於《世界宗教文化》，1999 年第 04 期。

柳蓮輯錄，〈竺摩法師自述及濠江遺稿鈎沉〉，《文化雜誌》中文版第七十三期，2009 年冬季刊，第 29–180 頁。

《曲江張氏族譜》，卷一至四。

譚世寶、胡慧明、王曉冉，〈澳門功德林創立之史蹟鈎沉〉，《文化雜誌》中文版第七十三期，2009 年冬季刊，第 193–220 頁。

徐金龍，〈在澳弘法的粵籍高僧觀本法師〉，載於《廣東佛教》，1999 年。

楊開荊，《澳門特色文獻資源研究》，北京：北京大學出版社，2003 年。

竺摩，〈酬澳海清遊會及潔社諸友〉，載於《覺音》第

30–32 期，1941 年。

中國大百科全書出版社編輯部、中國大百科全書總編輯委員會《宗教》編輯委員會編，《中國大百科全書》，北京：中國大百科全書出版社，第 2 版，1998 年。

章蘊，《梁啟超 "超凡入俗"》http://www.hkbuddhist.org/magazine/482/482_09.html。

圖片出處

P.4、8、10、13、14、17、18、19、25、37、50、54、61、67（下）、70、72、74、76、79、81、82、84、86、88、94、96 楊開荊攝。

P.22、23、26、35、36、38、42、43、45（上）、51、56、58、59、63、64、67（上）、80 功德林。

P.45（下）、46 靜隱堂。